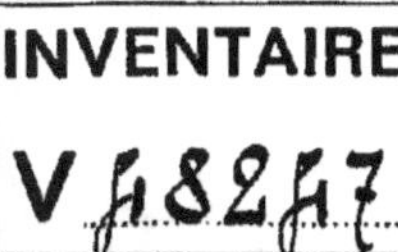

OBSERVATIONS

DU

CONSEIL MUNICIPAL

DE LA VILLE D'ARLES

DANS L'ENQUÊTE OUVERTE

SUR LES PROJETS DU CANAL ST-LOUIS ET D'UN CHEMIN DE FER

SERVANT D'ANNEXE A CE CANAL.

AVIGNON

SEGUIN AINÉ, IMPRIMEUR-LIBRAIRE
rue Bouquerie, 13.

1861

OBSERVATIONS

DU CONSEIL MUNICIPAL DE LA VILLE D'ARLES

DANS L'ENQUÊTE OUVERTE SUR LES PROJETS DU CANAL ST-LOUIS
ET D'UN CHEMIN DE FER SERVANT D'ANNEXE A CE CANAL.

OBSERVATIONS

DU

CONSEIL MUNICIPAL

DE LA VILLE D'ARLES

DANS L'ENQUÊTE OUVERTE

SUR LES PROJETS DU CANAL ST-LOUIS ET D'UN CHEMIN DE FER

SERVANT D'ANNEXE A CE CANAL

AVIGNON

SEGUIN AINÉ, IMPRIMEUR-LIBRAIRE
rue Bouquerie, 13.
1861

OBSERVATIONS

DU CONSEIL MUNICIPAL DE LA VILLE D'ARLES

DANS L'ENQUÊTE OUVERTE SUR LES PROJETS DU CANAL ST-LOUIS
ET D'UN CHEMIN DE FER SERVANT D'ANNEXE A CE CANAL.

*Extrait du Registre des délibérations du Conseil municipal
de la ville d'Arles.*

SÉANCE DU 15 AVRIL 1861.

M. Rame, premier adjoint, Président en absence
de M. le Baron Laugier de Chartrouse, maire, dé-
puté au Corps Législatif en session.

Présents, MM. Gay, aîné, Bourdelon, Lavandet,
Lalmaud, Trouche (Claude), Chapus, de Jonquières,
Bedel, Nachury, Clair, Trouche (Jacques), Roque-
martine, Moutet, Moreau, Datty, Véran, Laffitte,
Doutreleau, Gautier Descottes, Urpart.

Ouï le rapport de la Commission, après une dis-
cussion approfondie et contradictoire :

M. le Président ayant recueilli les suffrages, l'assemblée, à la majorité de dix-huit voix contre trois qui se sont prononcées pour le rejet absolu des deux projets mis à l'enquête, a arrêté la délibération suivante :

A l'ouverture de la Session de 1860 et en réclamant du Sénat et du Corps Législatif assemblés, leur concours le plus énergique pour l'adoption des lois qui doivent faciliter la mise en pratique du nouveau traité de commerce avec l'Angleterre, l'Empereur s'exprimait ainsi : « J'appelle surtout votre attention « sur les voies de communication qui, *seules*, *par* « *leur développement*, peuvent nous permettre de « lutter avec l'industrie étrangère. »

Au nombre des voies signalées par cette auguste volonté, il faut placer en première ligne le cours du Rhône entre Lyon et la mer, cette grande artère qui monte droit au cœur de la France et forme la plus belle de ses voies navigables.

Pour réaliser en partie la grande et généreuse pensée de l'Empereur, il a été rédigé et proposé à l'approbation du Gouvernement de Sa Majesté, un projet de canal latéral au Rhône, partant de la Tour St-

Louis et allant déboucher dans le golfe de Fos, en vue d'assurer la libre communication du fleuve avec la mer, près de son embouchure naturelle ; et conjointement avec ce premier projet, celui d'un chemin de fer servant d'annexe au canal : chemin dont le point de départ, encore indéterminé, serait soit à la Tour, soit sur la plage même du golfe de Fos, et qui, dirigé parallèlement au fleuve dans la majeure partie de son parcours entre la mer et Arles, s'en détacherait à la hauteur de l'étang de Meyranne, pour venir se relier et se souder à la grande ligne de Paris à la Méditerranée, un peu en aval de la tranchée dite de la Batelle.

Le projet de canal latéral présente deux variantes : l'une avec un tirant d'eau de deux mètres, l'autre avec une profondeur de six mètres.

Une enquête publique a été ouverte sur ces projets : le but de cette enquête est de provoquer les observations des intéressés ; et le Conseil municipal de la ville d'Arles a été particulièrement appelé, ainsi que la Chambre de commerce de Marseille, à émettre son avis sur l'utilité et la convenance des projets proposés.

Ces projets répondent-ils, en effet, d'une manière

complète et satisfaisante aux vœux et aux besoins
véritables du commerce et de l'industrie des transports? C'est ce que nous devons examiner.

Pour résoudre la question en pleine et suffisante
connaissance de cause, il faut nécessairement la faire
sortir des généralités vagues où elle semble renfer-
mée, pour la faire entrer dans le domaine des faits
réels et de l'application pratique des conséquences
qui en découlent.

La navigation du Rhône embrasse et réunit trois
intérêts corrélatifs et connexes : 1° celui de la marine à voile dont l'action s'exerce dans le bas Rhône,
d'Arles à la mer, et que pour cette raison on appelle
le Rhône maritime ; 2° l'intérêt de la batellerie ordinaire, dont les mouvements s'effectuent sur le Rhône supérieur, entre Arles et Lyon ; et enfin l'intérêt
de la batellerie à vapeur, dont le parcours s'étend sur
les deux lignes à la fois.

Ces trois intérêts sont liés ensemble de façon que
l'un d'eux ne peut demeurer en souffrance sans que
cet état ne réagisse d'une manière plus ou moins fâcheuse sur les autres. Chacun d'eux a sans doute un droit
égal à la sollicitude et à la justice du Gouvernement ;

mais s'il en est un qui puisse mériter de sa part une protection, une bienveillance plus particulière, c'est, sans contredit, nous osons le dire, l'intérêt de la marine à voile, en raison des services spéciaux et précieux que son personnel ne cesse de rendre à l'Etat pour le recrutement de la flotte.

Cependant, il nous est pénible de le dire, c'est précisément cet intérêt seul qui semble avoir été oublié, méconnu, disons mieux, sacrifié, dans les projets mis à l'enquête.

La situation géographique du Port d'Arles avancé de plusieurs lieues dans les terres, et placé en tête du Delta du Rhône, est une des plus belles et des plus avantageuses que l'on puisse voir. C'est celle de presque tous les grands ports établis sur le cours des principales rivières d'Europe et du monde ; c'est la situation de Bordeaux sur la Gironde, de Nantes sur la Loire, de Rouen sur la Seine, de Glascow sur la Clyde, de Londres sur la Tamise, de Lisbonne sur le Tage, de Calcutta sur le Gange, etc., etc.

Cette position consacrée par les siècles a été indiquée par la nature elle-même comme devant être le point de rencontre et de partage de la navigation

maritime et de la navigation fluviale. C'est ici, en effet, que de temps immémorial les navires de mer et
la batellerie du Rhône échangent leurs chargements
et se livrent mutuellement les marchandises de descente qui doivent être acheminées par mer sur les
diverses places du littoral de la Méditerranée et les
marchandises de remonte destinées au commerce in-
térieur de la France ou expédiées en transit vers la
Suisse et l'Allemagne.

Tout s'est arrangé en conséquence et de longue
main autour de ce double centre d'opérations. Or, les
deux projets soumis à l'enquête, s'ils devaient être
exécutés tels qu'ils ont été conçus, ne tendent à rien
moins qu'à déplacer violemment ce centre d'affaires,
pour le transporter au bas de la rivière, en annulant
le port d'Arles, en vouant à la ruine et à la misère
une population de six mille âmes qui vit ici du métier
de la mer, en la condamnant à s'expatrier, et en dé-
truisant enfin tout un quartier maritime, un quartier
qui a fourni à l'État cinq à six cents matelots ou of-
ficiers mariniers excellents, dans la dernière guerre
de Crimée. « Tout cela, pourquoi ? dans l'espoir chimérique de fonder une grande ville, un puissant établissement maritime et commercial à la Tour St-
Louis, sur une plage nue, déserte, infertile, insalu-

bre, où la ligne de terres se confond presque avec la ligne des eaux ; battue par tous les vents, sans abris, sans un seul arbre pour reposer et consoler les regards, que des myriades de moustiques rendent inhabitable pour les hommes et pour les animaux, et où tout enfin, absolument tout est à créer.

Telle serait, en effet, on va le voir, la conséquence inévitable de l'exécution des projets mis à l'enquête, si ces projets n'étaient pas profondément modifiés.

Depuis longtemps la marine d'Arles ne cesse de signaler les entraves qu'oppose à sa marche et à son développement, l'état d'abandon dans lequel a été laissé jusqu'à ce jour le Rhône maritime. Le Conseil municipal s'est rendu bien des fois l'interprète de ses plaintes et de ses vœux. Depuis près d'un siècle, il n'a cessé de supplier tour à tour les différents Gouvernements de faire disparaître les obstacles qui arrêtent son essor, qui gênent, retardent ou paralysent ses mouvements.

Il y a à peine une année encore que, par délibération du 2 avril 1860, le Conseil municipal a demandé avec les plus vives instances, au nom et dans l'intérêt général de la navigation et du commerce, et dans l'intérêt particulier de sa marine locale, que le Gouvernement de Sa Majesté, réalisant les sages intentions de l'Empereur, voulût bien ordonner deux choses de la plus grande urgence.

D'abord et avant tout, l'enlèvement des hauts-fonds qui obstruent le lit du fleuve sur quelques points de son parcours entre Arles et la mer, hauts-fonds qui ne peuvent être franchis, dans les basses eaux, qu'en allégeant le chargement des navires et en conduisant des radeaux ou des bateaux à la traîne, ce qui occasionne des retards et des frais ruineux.

Secondement, la continuation et l'achèvement de l'entreprise si heureusement commencée de l'endiguement de l'embouchure, et le creusement définitif de la barre qui la ferme pour assurer en tout temps la libre communication du fleuve avec la mer.

Il a représenté que ces opérations, la première surtout, étaient pour la marine et pour le port d'Arles, une question de vie ou de mort; attendu que les obstacles signalés arrêtent le développement progressif de cette marine, s'opposent à ce qu'elle se transforme en adoptant des navires d'un plus fort échantillon, l'empêchent ainsi de se mettre au niveau des

exigences croissantes du mouvement commercial, et
la retiennent fatalement captive dans un petit cabotage qui suffisait jadis parce qu'il était en rapport
exact avec les besoins de l'époque, et dans lequel
elle se débat aujourd'hui avec désespoir parce qu'il ne
saurait répondre aux nouveaux besoins du moment.

Le Conseil faisait remarquer enfin que, si désirable
que soit la libre communication du fleuve avec la mer
à son embouchure, ce ne serait rien faire que d'assurer cette communication, si, au préalable, on ne dé-
blayait pas les hauts-fonds qui arrêtent la marche des
navires dans le trajet d'Arles à la Tour, et les empê-
cheraient radicalement de mettre à profit les nou-
velles facilités qu'on veut leur procurer pour l'entrée
et la sortie en mer.

Eh! bien, les projets soumis à l'enquête donnent
satisfaction au second chef de nos demandes, c'est-à-
dire, qu'il y est proposé d'ouvrir, sous le nom du
Canal St-Louis, une bouche artificielle pour donner
en tout temps passage aux navires de la mer dans le
fleuve, et réciproquement.

Nous pourrons examiner tout à l'heure si cette solution est la meilleure et la plus désirable pour le cas

dont il s'agit ; mais c'est toujours, il faut le reconnaître, une véritable solution, capable d'atteindre et de remplir dans une mesure suffisante le but désiré.

Ces mêmes projets gardent le silence le plus absolu sur le premier chef de nos réclamations, c'est-à-dire, sur l'enlèvement des hauts-fonds qui paralysent la navigation maritime d'Arles à la Tour St-Louis, et la rendent tout à fait impossible aux navires d'un fort tonnage. Et non-seulement ils se taisent complétement à cet égard, mais en y voyant proposé, comme annexe au Canal St- Louis, l'établissement d'un chemin de fer qui se dirigerait de la gare de ce Canal vers Arles, en longeant le fleuve pour venir se raccorder à la grande voie ferrée de Lyon à Marseille en aval de la Batelle, on ne peut s'empêcher de lire dans cette combinaison comme le délaissement certain du Rhône maritime, et le dessein manifeste de centraliser et d'immobiliser tous les mouvements de la navigation à voile dans le futur établissement de St-Louis à l'extrémité du fleuve, au détriment des droits acquis et de l'existence séculaire du port d'Arles.

Le Conseil municipal ne saurait dissimuler au Gouvernement l'émotion pénible que la publicité donnée aux projets ainsi soumis à l'enquête, a produit dans cette cité, qui a cru y voir écrite la ruine d'un tiers de la population et l'arrêt de mort définitif de la marine d'Arles. Cette émotion a été si vive que, dans le premier moment de surprise et de douleur, le corps entier de nos marins, saisi d'un profond découragement, ne parlait de rien moins que de se porter en masse au bureau de l'inscription maritime pour y demander leur déclassement, dans la triste conviction que tout avenir était perdu pour eux et qu'ils n'avaient autre chose à faire que de renoncer à une profession qui ne pourrait plus les faire vivre. Il a fallu retenir ce premier mouvement, relever les courages abattus, ranimer les espérances éteintes, faire comprendre à ces braves gens que telle n'était point très-certainement l'intention de l'Empereur, et que telle ne pouvait pas être non plus la pensée des Ministres de Sa Majesté; que le Gouvernement a ouvert une enquête sur les projets dont il s'agit, précisément pour provoquer les observations des intéressés et faire un appel à toutes les lumières, afin de s'éclairer et de s'édifier lui-même sur le mérite et la convenance des plans proposés; qu'ils devaient donc reprendre confiance et se reposer sur le Conseil municipal, organe des besoins et des vœux du pays, du soin de porter et de faire valoir devant qui de droit leurs légitimes et respectables doléances.

Pour remplir ce devoir sacré à ses yeux, comme pour répondre loyalement à l'appel du Gouvernement, le Conseil n'hésite pas à dire que l'abandon du Rhône maritime serait une mesure déplorable et aussi funeste à l'intérêt général de la navigation et du Commerce qu'à l'intérêt particulier de la marine d'Arles.

L'enlèvement des hauts-fonds qui arrêtent la marche des navires à voile d'Arles à la Tour St-Louis est le corollaire obligé, le complément nécessaire de la mesure par laquelle on doit assurer la libre communication du fleuve avec la mer. A quoi bon, en effet, ouvrir là une porte pour les navires à voile si le chemin pour aller à cette porte ou pour en revenir devait demeurer impraticable et leur être impitoyablement fermé ?

Il est impossible d'admettre qu'un chemin de fer puisse, à aucun point de vue, être substitué à cette grande et belle voie naturelle du Rhône; car non seulement il ne saurait la remplacer dans le genre de service qu'elle est appelée à rendre, mais il ne peut être considéré là que comme un moyen d'écarter une concurrence importune, en enlevant à la navigation à voile la partie la plus importante et la plus précieuse de son parcours, pour arrêter et concentrer

dans le Canal St-Louis tout le mouvement maritime
et commercial. Certes, nous ne craignons pas de le
dire, telle n'est pas, telle ne peut pas être l'intention
du Gouvernement de Sa Majesté.

Cependant la combinaison des deux projets connexes soumis à l'enquête conduirait forcément à ce
déplorable résultat; et il n'est pas possible de se dissimuler, qu'en substituant un chemin de fer à l'enlèvement des hauts-fonds qui obstruent sur certains
points le Rhône maritime, on ferme cette voie à la
marine à voile et on sacrifie ainsi complétement l'un
des trois grands intérêts dont se compose aujourd'hui
la navigation fluviale. De plus, et avec le grave dommage causé ainsi à cette navigation et au Commerce
en général, on annulle de fait le port d'Arles; on le
raye de la carte, lui qui aujourd'hui encore et d'après
le tableau général officiel du mouvement du cabotage
publié par le Gouvernement pendant l'année 1859,
figure au cinquième rang pour le tonnage des marchandises expédiées au grand et petit cabotage; on
anéantit sa marine, on condamne à la misère un tiers
de la population du pays, et on détruit un quartier
maritime qui ne compte pas moins de 1650 marins
inscrits sur les registres matricules de l'Etat.

Sans pouvoir nier un résultat si inévitable, si évident, mais pour aider la ville d'Arles à se résigner plus patiemment à l'immense et douloureux sacrifice auquel la condamneraient l'abandon du Rhône maritime et l'exécution combinée des deux projets mis à l'enquête, les partisans de ces projets essaient de faire resplendir à ses yeux le mirage fantastique d'on ne sait quels avantages brillants que ne peut manquer de lui apporter ou de faire rejaillir sur elle, dans un prochain avenir, la prospérité incomparable promise au nouvel établissement maritime et commercial qui doit se former, aux dépens du sien, au bas de la rivière, à quarante kilomètres de ses murs; avantages cependant que personne n'ose préciser et que bien moins encore nul ne voudrait et ne pourrait lui garantir. Le Conseil ne saurait prendre des illusions pour des réalités, ni accepter raisonnablement en retour d'un dommage, d'un mal immense, actuel et certain, de vagues et problématiques éventualités.

Mais le chemin de fer projeté, qui n'aurait aucune raison d'être et ne saurait constituer qu'une véritable superfétation, à moins qu'on ne fût décidé à délaisser et à supprimer la navigation à voile sur le Rhône maritime, se présente de plus comme une étrange contradiction.

Comment ! on se plaint amèrement du monopole tyrannique des chemins de fer ; on reproche en particulier à la ligne de Lyon à la Méditerranée d'être impuissante à suffire aux besoins du trafic actuel, du trafic existant ; on supplie le Gouvernement de raviver et de faciliter la navigation fluviale, en vue de créer à la voie de fer tout ensemble un auxiliaire et un contre-poids ; et voilà qu'après avoir assuré aux navires à voile le moyen de passer de la mer dans le Rhône, à l'aide d'un canal latéral, avant même qu'ils y entrent, on se hâte de faire attacher à ce canal un embranchement de chemin de fer soudé à la grande artère de Paris à Marseille ! Voilà qu'on invite, on excite ainsi la marchandise à déserter le fleuve pour se donner tout de suite à la voie ferrée ! on fortifie, on augmente la puissance de ce monopole qu'on semblait accuser avec tant de vivacité, et on ne redoute plus d'accroitre démesurément du même coup, l'encombrement reproché à une ligne déjà surchargée ! Il faut avouer qu'il y a là une singulière inconséquence.

Mais l'abandon du Rhône maritime, supplanté par le chemin de fer, ne se bornerait pas à tuer la marine d'Arles ; il porterait encore un double et grave préjudice à la batellerie du fleuve : non pas, si l'on veut, à la batellerie à vapeur qui s'accommoderait aisément de l'état actuel du Rhône entre Arles et la mer et ferait assez bon marché des hauts-fonds qui y arrêtent la marche des navires à voile ; parce que du moment qu'elle ne serait plus obligée d'avoir des chalands pontés à sa remorque, elle croit être, grâce à la faible calaison de ses bateaux et à l'aide des moyens particuliers d'action dont ils disposent, à peu près certaine de franchir en tout temps les mauvais passages ; ce qui, nous le répétons, est physiquement et absolument impossible en l'état aux bâtiments de mer même d'un faible tonnage. Une portion de cette bâtellerie déclare hautement que son intérêt est d'aller chercher la marchandise le plus loin possible au bas de la rivière, parce qu'en allongeant son parcours elle augmente ses bénéfices. Mais cette même portion de la bâtellerie à vapeur ne s'accommoderait pas aussi bien sans doute de l'établissement d'un chemin de fer qui lui ferait concurrence, et viendrait lui disputer la marchandise à la sortie même de la gare maritime de St-Louis.

Laissons donc là la batellerie à vapeur et parlons de la batellerie ordinaire du fleuve.

Si la batellerie à vapeur trouve son compte à aller

au plus loin prendre la marchandise à bord des navires de mer, il convient et il importe par contre à
la batellerie ordinaire de joindre le plus près et le
plus tôt possible ces mêmes navires, avec lesquels elle
doit échanger ses chargements; et cela par la raison
toute simple qu'en même temps qu'elle diminue
ainsi ses frais de remorquage à la remonte, elle
évite, ce qui est bien plus important, les graves dan-
gers qui l'attendent, comme on va le voir, dans le
trajet de 40 kilomètres qu'elle serait forcée de faire
sur le Rhône entre Arles et la mer, si elle devait
descendre au bas de la rivière pour opérer ses trans-
bordements.

Tout le monde sait ici en effet, et les hommes fa-
miliers avec les localités déclarent unanimement que,
dans le parcours du bas Rhône, en son état actuel,
il y a diverses échelles comme le plan du Rossignol
et une foule d'autres, où le Rhône ayant une très-
grande largeur, et le vent et les vagues venant de
loin, si un bateau plat chargé, comme ils le sont
tous d'habitude jusqu'à la bande, vient à être assail-
li et pris en flanc par une de ces bouffées subites et
violentes des vents de traverse si communes dans ces
parages, il est à l'instant en perdition; parce que
n'ayant à son bord ni le nombre d'hommes, ni la

quantité d'agrès nécessaires en un cas pareil, il n'a pas le temps de se garer et d'atteindre un abri où il puisse se mettre en sûreté, et prévenir la catastrophe qui le menace. Le danger est tel que le plus souvent il ne saurait y échapper même quand il serait tenu et remorqué par un bâteau à vapeur, tant à la descente qu'à la remonte. C'est ainsi qu'ont succombé et péri tant de bateaux de cette espèce durant l'entreprise du transport des pierres destinées aux travaux de l'endiguement de l'embouchure, et qui jonchent le lit du Rhône d'Arles à la mer. On a toujours soupçonné même que la formation du haut-fonds de Beaujeu, en 1856, a eu pour cause première, la présence au fond du lit d'un ou de plusieurs de ces bateaux sombrés, autour desquels s'est aggloméré comme à un noyau l'énorme banc de sable qui barre aujourd'hui sur ce point le passage aux navires de mer.

Il ne faut pas que la batellerie se trompe et se fasse illusion à cet égard; le péril dont nous parlons est réel et certain, et nous devons en avertir dès aujourd'hui, car ce n'est pas lorsque le mal a été fait, ce n'est pas quand les événements sont accomplis, qu'il est temps d'y porter remède. L'intérêt de la batellerie est donc parfaitement le même que celui de la marine à voile, dans la question du resserrement du lit du bas Rhône et de l'enlèvement par ce moyen des hauts-fonds qui y mettent la navigation en danger. Une fois cela fait, les bâtiments de mer de quatre cents tonnes au moins, pourront remonter librement jusqu'au port d'Arles; et les bateaux plats, descendant de Lyon, y gagneront à leur tour de pouvoir, sans aller plus loin, accoster là tout de suite ces mêmes navires et leur remettre leurs chargements pour être transportés dans toutes les places du littoral de la Méditerranée, ce qui est à l'avantage évident du commerce en général et de nos industries houillères et métallurgiques en particulier, notamment des compagnies charbonnières du Bassin de la Loire. Car on peut tenir pour très-certain que le fret d'Arles, à quelque point que ce soit du littoral dont nous parlons, sera exactement le même que de la Tour de St-Louis à ces mêmes points.

La batellerie n'en sera pas moins maîtressse de descendre jusqu'au bas du fleuve si cela lui convient, et elle pourra le faire sinon sans péril du moins avec une facilité et une sécurité qui lui manquent totalement aujourd'hui.

De cette façon tous les droits, tous les besoins seront satisfaits et nul n'aura sujet de se plaindre.

La combinaison opposée ne favorise qu'un intérêt restreint : ce peut être une satisfaction donnée à certaines spéculations, à certaines convenances particulières, mais on ne saurait jamais y voir l'intérêt général de la navigation et du commerce.

Cet intérêt commande le maintien et l'amélioration de toutes les voies dont ils ont l'habitude de disposer : dans l'intérêt général, il faut la plus libre concurrence, le développement le plus large et le plus complet de toutes les branches de l'industrie des transports, sans en excepter aucune.

Mais il est encore une puissante considération qui milite pour le déblayement et la canalisation du fleuve d'Arles à la mer ; et cette considération la voici :

Vous allez, n'importe par quel moyen, assurer la libre communication du Rhône avec la mer près de son embouchure : quel que puisse être le moyen nous y applaudirons, parce qu'il exaucera un de nos vœux les plus chers.

Mais qui vous promet que le fleuve vous demeurera fidèle ? qui vous répond qu'il continuera à couler toujours dans sa direction présente ? qui vous garantit, enfin, qu'il ne vous échappera point et qu'au moment où vous y penserez le moins, il ne se détournera pas brusquement, ainsi qu'il l'a déjà fait tant de fois dans les siècles passés, pour s'ouvrir un passage et se précipiter dans la mer à droite ou à gauche de son embouchure actuelle? Ce n'est point là une crainte, une supposition chimérique; il n'y a pas si longtemps, tout le monde s'en souvient, il a failli faire une trouée à Barcarin en aval de Chamone, pour s'élancer de là vers la mer en coupant l'étang de Giraud. Eh! bien, nous le demandons, que deviendraient dans un cas pareil les travaux et les sacrifices qu'on aurait faits pour relier la navigation fluviale à la navigation maritime? Pour prévenir un si regrettable événement une seule chose est à faire, c'est de canaliser le Rhône d'Arles à la mer en resserrant son lit pour l'obliger à le creuser partout où existent aujourd'hui des hauts-fonds, et de le fixer par ce moyen dans la direction actuelle, en lui enlevant toute possibilité, toute tentation de s'en détourner dans les crues.

Ces hauts-fonds étant de simples amas de sable et de limon sans aucun mélange même du plus menu gravier, et leur formation étant due uniquement à la trop grande largeur du lit sur les points où ils existent, il est reconnu et avoué par tous les ingénieurs que de simples digues de resserrement suffiraient pour détruire ces obstacles et en empêcher le retour. Comme ces digues seraient submersibles, le fleuve s'épanchant et s'étalant par-dessus dans les crues, couvrirait de ses dépôts les terrains sis en arrière et formant le lit majeur du Rhône. Le colmatage de ces vastes surfaces en élèverait le niveau et le transformerait bientôt en terres de la même nature et valeur que celles qu'on appelle ici les segonnaux, qui sont susceptibles des plus riches produits ; et l'État trouverait dans la mise en rapport de ces espaces immenses, perdus aujourd'hui pour l'agriculture, un ample dédommagement des sacrifices faits par lui pour arriver à ce résultat.

La dépense totale d'une opération si intéressante et si fructueuse sous tous les rapports, ne peut pas être évaluée au delà de 5 à 6 millions ; tandis que le chemin de fer proposé de la Tour St-Louis à la Batelle, chemin dont la nécessité et l'utilité sont plus que problématiques, en exigerait au moins sept et demi. N'est-il pas infiniment préférable de consacrer cet argent au déblayement du Rhône maritime ?

La première chose à faire est donc de resserrer cette partie du cours du Rhône sur les points où son lit est obstrué, en vue de lui donner partout un tirant d'eau minimum de 4 à 5 mètres et de le rendre ainsi accessible aux navires d'un fort tonnage, afin qu'ils puissent remonter librement jusqu'au port d'Arles.

Après cela, il s'agit de savoir comment il convient d'assurer la communication du fleuve avec la mer.

Sur les demandes de la marine locale et du Conseil Municipal, le Gouvernement avait entrepris, d'abord, d'endiguer dans ce but l'embouchure du Rhône. Une première tentative a été faite, dans des limites fort restreintes, et il en est résulté une amélioration très-notable qui persiste depuis cinq années quoique rien n'ait été fait depuis pour la maintenir et la compléter. Le tirant d'eau sur la barre a été augmenté de plus d'un mètre dans tous les cas ; et la passe ou chenal navigable à l'entrée, qui était jadis d'une mobilité extrêmement fâcheuse, a pris désormais une fixité qui laisse bien peu à désirer.

Dans sa délibération du 2 avril 1860, le Conseil Municipal, après avoir témoigné son regret de ce qu'une entreprise aussi belle ait été suspendue malgré des résultats si encourageants, avait demandé avec instance qu'elle fût reprise et conduite à son entier achèvement.

Il ne paraît pas que cette demande ait été agréée; et aucune réponse ne nous ayant été faite, nous ne pouvons connaître au juste ce qui s'y est opposé. On a dit que MM. les ingénieurs trouvaient la chose impossible: nous devons dire avec toute franchise que cette impossibilité ne nous paraît point démontrée; nous ajouterons que la conviction générale de nos marins et des hommes qui ont la connaissance pratique des localités, est diamétralement contraire.

Le prolongement des palissades qu'on a arrêtées malheureusement à une très-grande distance de la barre, ne présente en effet, ni sous le rapport des travaux d'art, ni sous celui de la dépense, aucune difficulté sérieuse, bien moins encore une véritable impossibilité: car il consisterait simplement à continuer les jetées en pierres et ajouter un sacrifice de 15 à 16 cent mille francs à celui qui a déjà été fait. Nous ne saurions donc penser qu'on puisse opposer à notre demande l'impossibilité matérielle de l'opération: on a entendu parler peut-être de son inefficacité, de son inutilité. L'objection, sur ce point, peut se résumer en ces termes : — A quoi bon poursuivre le travail commencé ? A quoi bon prolonger les digues de resserrement pour atteindre la barre de plus près ? Vous pourrez bien ainsi détruire momentanément l'obstacle, mais vous n'aurez réussi qu'à le déplacer ; il ira se reformer bientôt de la même manière, un peu plus loin et tel qu'il existait d'abord.

Vous aurez donc reculé la difficulté, vous ne l'aurez pas vaincue ; il faudra poursuivre de nouveau en mer la barre fuyant toujours devant vous.

Voilà un travail qui n'aura point de fin.

Eh ! bien, à ce point de vue nous sommes en droit de dire que les faits réels ne justifient point ce raisonnement.

D'abord, il ne serait pas exact de dire que les travaux n'ont eu d'autre résultat que de déplacer momentanément l'obstacle pour le voir se reformer ensuite un peu plus loin *tel qu'il était auparavant*. Les choses ne se sont point passées ainsi : sans doute la barre a été déplacée ; sans doute encore elle s'est reformée au delà du point qu'elle occupait d'abord ;

cela devait être ; tout le monde s'y attendait et nous ne sachions pas que personne ait jamais prétendu le contraire. Le but était, en effet, non de détruire la barre, ce qui n'est au pouvoir de qui que ce soit, mais de la percer, de la creuser plus profondément pour le passage des navires. Eh! bien, ce résultat a-t-il été atteint? Pour s'en convaincre, il n'y a qu'à comparer : avant l'endiguement, le tirant d'eau sur la barre était au plus de 2^m 20 et descendait le plus souvent à 1^m 70, fréquemment même à 1^m 20 et 1^m 10. Depuis les travaux, au contraire, le moindre tirant d'eau sur la nouvelle barre est le plus souvent de 2^m 75 à 3 mètres, et jamais au-dessous de 2^m 25 ; supérieur par conséquent d'un mètre dans ce dernier cas au plus fort tirant d'autrefois.

En outre, la passe dont la mobilité avait toujours été extrême, ce qui était un grand inconvénient, a acquis une fixité qui lui était jadis totalement inconnue. Ceci joint à l'abaissement définitif de plus d'un mètre dont nous venons de parler, constitue, on ne peut le nier, une modification profonde de la situation, un changement extrêmement notable entre l'état ancien et l'état nouveau, et à l'avantage de celui-ci. Peut-on l'attribuer à autre chose qu'à la vertu du système ? Si, comme on le dit, l'obstacle avait dû être seulement reculé pour se reformer ensuite dans les mêmes conditions et à la même hauteur qu'auparavant, certes on conviendra que depuis cinq ans que la chose existe, il y a eu, soit dans les apports du fleuve, soit dans la masse de sable qui pave le fond de la mer, plus de matériaux qu'il n'en fallait pour remettre les choses dans leur état précédent : pourquoi cela n'a-t-il pas eu lieu, encore qu'on n'ait absolument rien fait pour maintenir et consolider le résultat primitivement obtenu ?

Notez, en outre, que si l'approfondissement n'est pas devenu encore plus considérable, il faut l'attribuer surtout au défaut d'entretien des palissades, qui s'étant abaissées, par le tassement, au niveau presque des eaux basses, sont dépassées toutes les fois que la mer monte et relève le plan de flottaison du Rhône ; ce qui diminue beaucoup la puissance de chasse sur laquelle on avait droit de compter. Sans cela, on est persuadé ici que le tirant d'eau moyen sur la barre serait actuellement de 4 mètres au lieu de 3.

Quant à l'avancement en mer, il a été considérable, il est vrai, dans les premiers temps ; mais pour en apprécier la véritable valeur et la portée, dans l'espèce, il est bon de remonter à sa source.

Abandonné jadis à lui-même et libre de suivre tous ses caprices, le Rhône qui s'épanchait en éventail dans la mer par une foule de diramations, s'est vu, en 1856, pour la première fois depuis son existence, asservi par l'endiguement à un régime entièrement nouveau. Tous les bras parasites ayant été fermés, la masse entière des eaux, emprisonnée dans un canal unique, a dû se vider à la mer par une seule bouche. Alors qu'est-il arrivé? le courant fluvial, grâce à l'accroissement de puissance qui lui était donné, s'est mis à draguer son fond; il a attaqué peu à peu les épais bancs de sable et de limon qui s'étaient accumulés de temps immémorial dans le lit entre l'embouchure et la Tour St-Louis, et y avaient formé ce qu'on appelait *la plaine*, où la navigation ne trouvait presque jamais plus de 1ᵐ 50 de tirant d'eau, souvent même beaucoup moins; et il a creusé le chenal de telle façon qu'on y mesure partout maintenant de 5 à 8 mètres de profondeur aux plus basses eaux. Ce cube immense de déblais, tout à fait indépendant des troubles qu'entraine le fleuve dans sa marche quotidienne et s'ajoutant, au contraire, à ceux-ci, a été poussé et entrainé dans la mer, et a formé, dans les premiers temps, cette longue ligne de dépôts qu'on y remarque dans la direction du sud-est.

C'est donc là, on le voit, un fait passager, un fait unique et exceptionnel, résultat spécial d'une situation préexistante, et dont la cause une fois détruite ne saurait se reproduire à l'avenir.

Aussi, à peine ce grand déblayement était-il accompli, que la bouche du fleuve s'est infléchie, courbée d'elle-même vers l'ouest; et depuis environ quatre ans, le progrès de la barre en mer est à peine de 20 mètres par année.

Il est fort à regretter que l'expérience n'ait pas été complétée: car tous nos marins, toutes les personnes qui connaissent et pratiquent ces parages sont unanimes pour penser qu'un simple prolongement des palissades, dans la direction curviligne actuelle tracée par la nature elle-même, assurerait un tirant d'eau de 6 mètres au moins sur la barre.

Cette barre pourrait bien progresser encore en mer pendant quelque temps; mais elle ne tarderait pas à s'arrêter et à prendre une assiette fixe, comme cela est arrivé à la bouche de l'Hérault et à celle du Grau du Roi à Aiguesmortes. Sur ce dernier point l'ensablement, qui se formait jadis entre les musoirs mêmes des digues du canal, et qui n'offrait que 1ᵐ 50 de tirant d'eau pour le passage des navires , fut rejeté du premier coup à 100 mètres plus bas. Si nous sommes bien renseignés , il n'a plus bougé de ce point , et depuis il y a toujours 3 mètres de profondeur d'eau sur la barre.

A l'embouchure de l'Hérault, on a été obligé pendant quelque temps de prolonger les palissades pour suivre les progrès de la barre en mer ; mais bientôt le progrès s'est arrêté ; et depuis, grâce à un minime entretien annuel, il n'y a jamais moins de 4 mètres d'eau dans la passe.

Nous n'apercevons aucune raison pour que les choses ne dussent pas se passer d'une manière analogue à la bouche du Rhône.

On objecte encore , dit-on , la difficulté produite par les brisants ; mais la mer brise sur la barre de tous les fleuves navigables, et celle du nôtre ne saurait être sous ce rapport dans une pire condition que les autres. Au surplus, répondent nos gens de mer, qu'on nous donne le tirant d'eau nécessaire et qu'on ne s'inquiète pas des brisants ; ceci est notre affaire particulière.

Le Conseil municipal d'Arles n'entre dans ces détails que pour prouver qu'en demandant itérativement, dans sa délibération du 2 avril 1860, l'achèvement de l'endiguement de l'embouchure du Rhône, il n'avait pas pris une détermination à la légère, et qu'il étayait sa conviction sur les faits réels et sur l'opinion générale du pays.

S'il y revient aujourd'hui, certes ce n'est point par une obstination puérile dans des idées préconçues et dans un parti pris; mais parce qu'il a la conscience que l'amélioration directe de l'embouchure du Rhône serait la meilleure solution, celle qui assurerait à la navigation et au commerce la plus grande somme de facilités et d'avantages. Pour la descente et la sortie en mer, il n'y a en effet, il faut en convenir, aucune comparaison possible entre le fleuve et un canal; quant à l'entrée, les facilités sont égales des deux côtés durant la plus grande partie de l'année; et pour le reste du temps, des remorqueurs à vapeur allant prendre les navires en mer pour les aider à franchir la passe, les amèneraient de là dans le port d'Arles, lorsqu'ils ne pourraient pas remonter à la voile. Il ne faut pas douter que pour peu que la navigation prît de l'activité, il s'établirait ici un service de remorquage à la vapeur,

comme il y en a maintenant à Marseille, à Rouen,
à Nantes, à Bordeaux et dans tous les ports un peu
importants.

On pense bien du reste qu'en parlant comme il
vient de le faire, le Conseil Municipal ne saurait
avoir la prétention d'imposer son sentiment aux hommes de l'art; mais, placé sur les lieux mêmes, il doit
au Gouvernement qui a la bonté de le consulter, il
doit à la cité dont il est l'organe, il se doit à lui-
même enfin de dire ce qu'il croit être la vérité et
d'exprimer un avis basé sur la connaissance plus
particulière qu'il a des habitudes du fleuve et des
vrais besoins de la localité.

Après tout, que peut demander et vouloir la ville
d'Arles autre chose sinon que les plus grandes facili-
tées soient données à la navigation fluviale? Son intérêt particulier dans la question s'identifie si complétement sur tous les points avec l'intérêt général du
commerce et de l'industrie des transports, que nous
ne craignons pas de dire qu'ils sont une seule et
même chose; c'est pourquoi le conseil estime qu'a-
près avoir appliqué au déblayement du lit du Rhône
d'Arles à la Tour St-Louis, une somme de 5 à 6
millions, prise sur celle de 7,500,000 à laquelle est

évaluée la dépense de la construction du chemin de
fer, le reste de cette somme pourrait être très-utile-
ment employé à continuer et parachever l'endiguement de l'embouchure du fleuve.

C'est à la sagesse et à la prudence du Gouvernement de prononcer.

S'il ne croit pas pouvoir ni devoir déférer à cet
humble vœu, s'il juge préférable de substituer à l'a-
mélioration directe de la bouche naturelle du Rhône
l'ouverture d'une bouche artificielle sous le nom de
canal St-Louis, le conseil ne pourra que s'incliner
devant sa décision ; et alors il demande la permis-
sion de présenter sur le projet du canal St-Louis,
quelques observations qui lui paraissent avoir de l'op-
portunité.

Il faut le dire, la marine à voile aime peu les
canaux : elle ne s'y sent pas à l'aise, et elle ne les
emprunte guère que quand elle ne peut pas faire au-
trement. Nous n'aurons pas besoin d'aller bien loin
pour en avoir la preuve.

Il suffit de comparer et mettre en regard le nombre des navires qui ont pris la voie du canal de

Bouc et le nombre de ceux qui ont pris la voie du Rhône dans le courant de l'année 1860,

Le canal leur offre une voie toujours facile et sûre ; ils peuvent y marcher en tout repos de nuit comme de jour ; les frais, depuis la réduction du tarif, y sont peu de chose.

Dans le Rhône, au contraire, on ne peut aller que de jour ; les hauts-fonds semés sur la route d'Arles à la mer retardent ou arrêtent la marche des navires ; pour les franchir il faut alléger ; enfin les frais à faire sont plus considérables là que sur le canal.

Eh ! bien, malgré tant de facilités et d'avantages d'une part, tant de difficultés et de désavantages de l'autre, laissant de côté les navires à vapeur et les chalands pontés qu'ils mènent à leur suite et qui prennent exclusivement la voie du fleuve, et ne parlant que des navires de mer à voile, il résulte des relevés faits au bureau du port que,

à la remonte,

107 navires chargés ont pris le Rhône,
et 100 navires chargés ont pris le canal.
287 navires sur lest ont pris le Rhône.
95 navires sur lest ont pris le canal.

à la descente ,

550 navires chargés ont pris le Rhône,
et   59 navires chargés ont pris le canal.
      29 navires sur lest ont pris le Rhône,
et   »» navires sur lest ont pris le canal.

C'est à dire, en somme, que sur 589 navires entrés, 594 ont suivi le fleuve et 195 ont emprunté le canal.

Que sur 598 navires sortis , 559 ont préféré le fleuve et 29 ont pris le canal.

Ces chiffres parlent plus haut que tous les discours.

Il s'ensuit, et c'est à quoi seulement nous voulons arriver, qu'en s'arrêtant à un canal pour faire communiquer le Rhône avec la mer à son embouchure, on ne peut trop veiller à ce qu'il offre à la marine à voile les plus grandes facilités et commodités qu'elle puisse désirer.

Cela posé, et le projet mis à l'enquête présentant deux variantes, l'une avec six mètres de tirant d'eau, l'autre avec deux mètres seulement, nous ferons remarquer d'abord que le projet à deux mètres de ti rant d'eau, manquerait complétement le but. Si.

comme nous avons tout lieu de l'espérer, on se décide à resserrer le lit du fleuve sur les points où existent aujourd'hui les hauts-fonds entre Arles et la Tour St-Louis, afin de lui assurer partout un tirant d'eau de 4 à 5 mètres, et de le rendre ainsi constamment praticable pour les navires d'un fort tonnage, le tirant d'eau du canal projeté ne serait plus en rapport avec celui du Rhône; et au lieu d'être le trait d'union de la mer et du fleuve, ce canal mettrait entre deux un obstacle infranchissable.

Ce canal de deux mètres est en raccourci comme une seconde édition du Canal de Bouc, qui a le même tirant d'eau, avec cette différence à l'avantage du dernier, que celui-ci relie du moins complétement l'un à l'autre et par une ligne non interrompue, le port maritime et le port fluvial placés à ses deux extrémités.

Tel qu'il est conçu, ce bout de canal servirait donc à peine à la petite batellerie à vapeur; et comme il coûterait cependant cinq millions six cent mille francs, ce serait beaucoup d'argent dépensé pour un bien petit résultat.

Le conseil estime donc qu'on ne doit pas hésiter

à écarter la variante de **2** mètres pour se rattacher uniquement à celle de six.

Il fera remarquer, en second lieu, que le canal projeté devant venir déboucher dans le Rhône à la Tour St Louis, le ressac des vagues soulevées par les vents d'ouest et de nord-ouest qui soufflent si longuement et si violemment dans ce parage et qui y prennent les bâtiments en travers, les exposent à se briser contre le mur de quai ou les empierrements de la rive ; de sorte que, par ce motif, il est à craindre que l'accès de l'écluse ne devienne souvent impossible.

Les hommes pratiques, au fait des inconvénients de ces localités, estiment généralement que si le canal, au lieu de venir se souder au Rhône à la Tour St-Louis, se reliait au fleuve à la hauteur de ce qu'on nomme *le Mazet*, l'orientation de l'écluse serait meilleure et qu'elle serait beaucoup moins souvent inaccessible que sur l'autre point, en même temps qu'il y aurait économie dans la dépense par une moindre longueur de canal à creuser.

C'est une question à étudier.

Enfin, ce serait une erreur de croire que la plage

du golfe de Fos ne progresse pas sur la mer, et que la rade ne s'envase point. Sans doute cet envasement ne saurait aller jusqu'à fermer l'entrée du port de Bouc, comme on avait paru le craindre dans le siècle dernier ; mais il suffit de jeter les yeux sur la carte pour voir que les dépôts du fleuve marchent et s'allongent parallèlement à droite et à gauche de son embouchure ; et que c'est ainsi qu'ils ont formé de chaque côté les quartiers de notre territoire connus sous le nom de *Camargues* et de *plan de Bourg*. Il est bien vrai que la plus grande partie des sables et des limons qui sortent du Rhône sont transportés à l'ouest, n'importe par quelle cause ; mais il est vrai pareillement qu'une autre portion descend vers le sud, et qu'une troisième tombe dans le golfe de Fos. La chose est parfaitement visible quand soufflent les vents et mêmes les simples brises du Sud-Ouest, du Sud et du Sud-Est, car alors les eaux du golfe se teignent de la couleur des eaux du fleuve.

En outre, quand la mer monte, poussée par les vents du sud, elle entre dans les étangs qui bordent le rivage du golfe, tels que Gloria, le Galéjon etc, et les remplit d'une lame d'eau de 60 à 80 centimètres d'épaisseur ; quand les vents du nord reviennent, cette même eau retourne et se précipite de nouveau

dans le golfe avec les troubles dont elle s'est char-
gée par l'agitation des étangs. Il faut donc s'attendre
à ce que des alluvions marines et fluviales viendront
s'adosser contre les jetées du canal, qu'il faudra re-
courir à la drague pour tenir libre la voie des navires, et, dans un temps plus ou moins prochain, al-
longer les jetées en mer. Nous n'entendons point
faire de cela une objection contre l'exécution du canal ; mais nous sommes bien aises de dire qu'il y
aura là une nécessité semblable à celle qu'on a cru
pouvoir reprocher au système d'endiguement de la
bouche du fleuve.

Pour se résumer et conclure, le conseil municipal
de la ville d'Arles, déclare, qu'à son avis, la première, la plus essentielle, la plus indispensable des
choses à faire, celle sans laquelle toutes les autres
seraient incomplètes et illusoires, est la destruction
au moyen de digues de resserrement de tous les
hauts-fonds existant dans le bas Rhône d'Arles à la
mer, formés et entretenus par la trop grande largeur
du lit sur ces points, afin d'assurer partout dans cette
partie si importante du fleuve, un tirant d'eau de 4
à 5 mètres pour la navigation des bâtiments d'un fort
tonnage : que c'est là le seul moyen de sauver la marine d'Arles, et de conserver à l'État cet intéressant

quartier maritime ; que c'est de plus le moyen d'assurer à la batellerie du Rhône l'avantage si évident
pour elle, de pouvoir accoster directement dans le
port d'Arles, les navires auxquels elle doit remettre
s.s chargements pour les porter dans toutes les places du littoral de la Méditerranée, sans qu'il doi-
ve en coûter au commerce la moindre augmenta-
tion de fret ; enfin que c'est le seul moyen de fixer
le Rhône dans sa direction actuelle, sans quoi on
est exposé à le voir s'isoler brusquement des travaux
faits pour assurer sa communication avec la mer.

Le Conseil demande que le projet d'établissement
d'un chemin de fer allant du bas du Rhône ou de la
rade de Fos soit écarté comme constituant non-seulement une dépense inutile, mais une contradiction manifeste avec la pensée de raviver et d'encourager la
navigation fluviale, puisque ce serait comme une ex-
citation à la marchandise de déserter cette voie pour
se donner à celle de fer.

Il demande en conséquence que sur les 7,500,000 f.
auxquels est évaluée, dans le moindre des cas, la dépense de construction de ce chemin, il soit pris et
employé de préférence une somme de 5 à 6 millions
pour établir les digues de resserrement destinées à

enlever les obstacles qui empêchent la marche des navires de fort tonnage dans le Rhône maritime.

Il demande encore que les 1,500,000 fr. restant soient appliqués à compléter et à perfectionner les travaux d'endiguement de l'embouchure naturelle pour conserver à la navigation cette voie si précieuse pour elle.

Subsidiairement, et, dans le cas où le gouvernement croirait ne pas devoir poursuivre ces travaux, et donnerait la préférence exclusive à l'ouverture d'une bouche artificielle, sous le nom de canal St-Louis, afin d'assurer la libre et constante communication de la mer et du fleuve,

Le conseil demande qu'il soit donné à ce canal 6 mètres de tirant d'eau et qu'on veuille bien faire examiner s'il ne conviendrait pas de le faire déboucher dans le Rhône vers le point dit *le Mazet* plutôt qu'à la Tour St-Louis, en vue de rendre plus facile et plus sûr l'accès de l'écluse.

Certifié conforme :

Le Maire d'Arles,

RAME, Adjoint.